EDICT DV ROY,

PORTANT CREATION
de Treſoriers Generaux , &
Commis Payeurs de Gendar-
merie. *may 1635*

*Verifié le SeiZieſme de May, mil ſix
cens trente-cinq.*

A PARIS,
Par P. Mettayer, A. Estiene,
Imprimeurs ordinaires du Roy.
M. DCXXXV.
Auec Priuilege de ſa Maieſté.

(5)

OVIS PAR LA GRACE DE DIEV ROY DE FRANCE ET DE NA-VARRE, A tous presens & à venir, Salut. Les Roys nos predecesseurs, Nous ayãs sur diuerses occurrances, & à mesure que nostre Estat s'est accreu, & les despences d'iceluy augmentées, creé & erigé, Douze Tresoriers generaux de l'extraordinaire des guerres & Caualerie legere, pour receuoir des Tresoriers de nostre Espargne, les deniers & assignations ordonnées pour l'entretien de nos Gens de guerre François & Estrangers, tant de cheual, que de peid, pour estre payez de leurs soldes & appoinctemens. Sçauoir, Nosdits gens de Guerre, tenans la Campagne, ou en corps d'Armées, par leurs Commis, Et ceux qui sont en Garnison aux villes & places fortes de nostre obeyssance, par les Tresoriers Prouinciaux desdites Garnisons, que pour raison desdits payemens, auroient eu

A ij

pluſieurs differends auec leſdits Treſoriers Generaux: auſquels voulons pour-
uoir. Nous aurions par noſtre Edict du
mois de Iuin mil ſix cens vingt ſept,
creé & erigé en tiltre d'office, Dix Treſoriers & Payeurs des Regimens, dans
nos Camps & Armées : Six Treſoriers
des Viures : Vnze Treſoriers Prouinciaux de nos Regimens en chacun de-
partement : Enſemble Trente Treſoriers Prouinciaux de noſtre Caualerie
legere. Et depuis encor par autres nos
Edicts des mois de Feurier mil ſix cens
trente deux, & Iuin mil ſix cens trente-
trois, creé Trois autres Treſoriers Prouinciaux deſdits Regimens à Pignerol,
& trois autres à Nancy, & pays de Lor-
raine: Au moyen duquel eſtabliſſement,
Nous aurions eſtimé que noſdits Gens
de guerre ſeroient d'autant plus ſoula-
gez, & payez auec plus de ſoing & faci-
lité qu'ils n'eſtoient auparauant. Et les
motifs deſdits differends deſdits Treſoriers Generaux les vns enuers les autres,
pour raiſon de leurs departemés, & deſdits Prouinciaux entieremét eſt eints &
aſſoupis. Ce que n'ayāt reuſſi ſelon noſtre

desir, & sur les remonstrances qui nous
ont esté faites, tant de la continuation
& augmentation desdites contestations
entre lesdits Tresoriers Generaux &
Prouinciaux des Garnisons & Regimens nouuellement créez, mesmes de
la confusion & desordre aux payemens
desdits Gens de guerre, tant d'Infante-
rie, que Caualerie : Les vns pretendans
faire lesdits payemens à l'exclusion des
autres. Pour les faire cesser, comme tres
dommageables au bien de nos affaires
& seruices, & ausdits Gens de guerre,
dont les payemens estoient d'autant re-
tardez, Nous aurions resolu de suppri-
mer & rembourser tous lesdits Offices
de Tresoriers Generaux de l'extraordinaire des guerres & Caualerie legere de
deçà & delà les Monts : Et en attendant
ledit remboursement, aurions commis
à l'exercice desdits Offices, vne seule
personne qui les auroit exercez depuis le
premier Ianuier de l'année mil six cens
trente quatre, iusques à present. Mais
ayant recognu que lesdites charges ne
pouuoient estre exercez par commission, auec tel ordre & seureté de nos de-

niers, que par personnes de choix & de
merite, qui en seroient dignement pourueus. Et apres auoir fait voir & exami-
ner en nostre Conseil, plusieurs moyens
Nous ont esté sur ce proposez, Nous aurions estimé celuy de la suppression desdits Tresoriers Generaux de l'extraordinaire des guerres & Caualerie legere
des Camps & Armées, & des Viures,
des Tresoriers Prouinciaux des Regimens & de la Caualerie legere, le plus
aduantageux pour nous, deschargeans
par ce moyen le fonds de nos finances
des grands gages attribuez ausdits Offices, de leurs priuileges & exemptions
de Tailles, mesmes desdits Tresoriers
des Regimens, lesquelles en aucunes de
nos Prouinces ont excedé les années
dernieres, trois fois la finance desdits
offices. Et establissant à l'aduenir vn ordre tres exact au payement desdits Gens
de guerre, au moyen duquel estans soi-
gneusement payez, nos subiets en soient
d'autant plus soulagez. A CES CAV-
SES, ceste affaire mise en deliberation en
nostre Conseil, où estoient aucuns Prin-
ces de nostre sang, principaux Ministres

& Officiers de noſtre Couronne, & autres grands & notables perſonnages, De
leur aduis, & de noſtre certaine ſcience,
pleine puiſſance & authorité Royale,
Auons par le preſent Edict perpetuel &
irreuocable, eſteint & ſupprimé, eſtei-
gnons & ſupprimons les Six Treſoriers
Generaux de l'extraordinaire de nos
guerres: Six Treſoriers Generaux de la
Caualerie legere ; Six Treſoriers des
Camps & Armées : Six Treſoriers des
Viures, les Treſoriers Prouinciaux des
Regimens, de Caualerie legere, créez
par noſdits Edicts des mois de Iuin mil
ſix cens vingtſept, Feurier mil ſix cens
trente deux , & Iuin mil ſix cens trente
trois. Et en leur lieu & place, Creé & erigé, creons & erigeons en tiltre d'office
formé, Trois nos Conſeillers & Treſoriers Generaux de nos guerres hereditaires , ancien, alternatif & triennal, qui
feront les payemens de tous leſdits Gens
de guerre, tant de cheual, de pied, François & eſtrangers, de quelques nations
qu'ils ſoient, qui ſont & ſeront entretenus à noſtre ſeruice, tant dedans que de-
hors noſtre Royaume , viures & muni-

tions d'iceux, & generalement toutes
autres despéces concernans les payemés
& entretenement des Gens de guerre,
qui seront leuees pour nostre seruice,
ainsi que souloient faire lesdits Tresoriers Generaux dudit extraordinaire des
guerres, Caualerie legere, Tresoriers
des Regimens & des Viures dans les
Camps & Armées, & Tresoriers Prouinciaux desdits Regimens, supprimez
par le present Edict. La fonction des-
quels nous auons en tant que besoin est,
ou seroit, vnis & incorporez ausdits
trois offices de Tresoriers Generaux des
Guerres presentement creez, fors & excepté les leuees, & armemens des gens
de guerre de la nation Suisses, & Grisons, & autres despences attribuez aux
Tresoriers & Ligues de Suisse & Grisons
par leur Edict de creation, comme aussi les
Regimés de nos Gardes Fráçoises & Suisses, & les Compagnies des gés de pied or-
dinairement entretenus en garnison, en
Villes & places fortes de nos Prouinces &
Gouuernemens, dont la despence se fera
par les Tresoriers de nosdites Gardes, &
Tresoriers prouinciaux desdites garnisoë,

ainsi

ainſi qu'il eſt accouſtumé ; Auſquels Treſoriers de nos guerres, Nous auons attri-
bué à chacun d'eux Trente deux mil liures de gages en l'année de leur exercice,
& Vingt mil liures hors iceluy seulemēt,
& trois deniers pour liure de taxations
de tous les deniers de leurs receptes, dõt
le fonds sera faict és Eſtats de la deſpence de tous leſdits Gens de guerre, fors &
excepté pour les deſpences des Regimens de nos Gardes Françoiſes & Suiſſes, & des Garniſons ordinaires de nos
Prouinces, Pour leſquelles deſpences
nous leur attribuons vn denier pour liure
outre & par deſſus les taxations attribuez & dont iouyſſent les Treſoriers de
noſdites Gardes Françoiſes & Suiſſes, &
Treſoriers Prouinciaux de noſdites Garniſons, dont le fonds sera auſſi faict és
Eſtats deſdites deſpences. Outre leſquelles taxations nous entendons faire à nos
deſpens les fraiz des eſcortes qui ſeront
iugez neceſſaires pour la ſeureté de la
conduite de nos deniers és lieux où la
deſpence en sera ordonnée, Voulans
qu'ils iouyſſent des meſmes honneurs,
authoritez, prerogatiues, préeminences,
priuileges, franchiſes, libertez, & exem-

ptions, dont iouyſſoient cy-deuant noſdits Treſoriers generaux de l'extraordinaire des guerres & Cauallerie legere, &
dont iouyſſent à preſent les Treſoriers
generaux de l'ordinaire de noſdites
Guerres. Et pour faciliter le payement
de noſdits Gens de guerre, tant de cheual que de pied, qui ne ſeront en corps
d'armée, & en quelque part qu'ils ſoient
departis en garniſon, ou tenans la campagne, pourront leſdits Treſoriers Generaux ſi bon leur ſemble en mettre les
deniers entre les mains deſdits Treſoriers
Prouinciaux chacun en ſon departe-
ment, qui s'en chargeront enuers eux cõ-
me leurs Commis. Comme auſſi pour
ſoulager leſdits Treſoriers generaux de
nos Guerres en la fonction & exercice de
leur charge, Nous auons par noſtre preſent Edict creé & erigé, creons & erigeons en tiltre d'Office formé, Trois nos
Conſeillers & Commis generaux deſdits
Treſoriers generaux de nos Guerres auſſi
hereditaire, ancien, alternatif, & triennal: La fonction deſquels ſera de pour-
ſuiure les expeditions neceſſaires pour la
recepte & deſpences deſdites charges de
Treſoriers generaux, enuers leſquels ils

se chargeront de leurs quittances pour
en vertu d icelles faire le recouurement
des deniers & assignations qui seront ordonnées ausdits Tresoriers generaux
pour les despences de leurs charges, &
iceux fournir ausdits Tresoriers generaux ou leurs Commis, ainsi qu'il leur sera par eux ordonné & non autrement : &
à la charge de leur en rendre compte cõ-
me de Clerc à Maistre. Pour l'exercice de
laquelle Commission, ils feront serment
pardeuant lesdits Tresoriers generaux, &
en prendrõt leur attache chacun en l'année de leur exercice. Ausquels Commis
presentement creez, Nous auons attri-
bué pareils & semblables priuileges &
exemption dont iouyssent les autres Officiers de nos guerres, & outre aux gages
de Trois mil liures à chacun d'eux par
chacun an, Ausquels offices de Commis
sera par nous pourueu de personnes ca-
pables qui nous seront nommez & pre-
sentez par lesdits Tresoriers generaux.
Lesquels gages desdits Tresoriers generaux & de leurs Cõmis seront employez
és Estats du Regiment de nos Gardes
Françoises pour estre payez au iour & à
mesure que les fonds de ladite despence

en sera ordonné. Et d'autant que pour
l'importance desdites charges de Tresoriers generaux & de leursdits Commis,
& pour la seureté des deniers de leurs
maniemens, Nous les auons rendus hereditaires par cestuy nostre present Edict.
Nous dispensons nosdits Tresoriers generaux de nos guerres de nous bailler ny
presenter aucunes cautions pour raison
du maniement, Comme aussi nous auons
rendu & faicts hereditaires lesdits Offices de Tresoriers de nos Gardes Françoises & Suisses, & Tresoriers Prouinciaux
des Garnisons, pour en iouyr à l'aduenir
par les pourueus d'iceux audit tiltre
d'heredité, eux, leurs veufues, heritiers,
successeurs & ayans cause, en payant par
lesdits Tresoriers des Gardes Françoises
& Suisses, & Tresoriers Prouinciaux des
Garnisons, la finance moderee, à laquelle
ils seront taxez en nostre Conseil, sur lesquelles taxes leur sera tenu compte de ce
qu'ils auront payé pour le quart & cin-
quiesme denier pour l'eualuatiõ de leurs
Offices, à proportion des années restãtes
du Droict annuel. Comme aussi ce qu'ils
auront payé pour ledit Droict annuel de
l'année courante, en rapportant les quit-

ances du Treforier de nos parties Ca-
fuelles endoffées par eux, & fans que lef-
dits Offices puiffent eftre cenfez & repu-
tez Domaniaux, ny fubiects à aucune re-
uente & rembourfement, pour quelque
caufe & occafion que ce foit, attendu
l'ancienne creation defdits Treforiers
des Gardes & garnifons, lefquels nous
auons côfirmez & reftablis en tous leurs
priuileges, taxations, exemptions de tailles, aydes & impofitions, Mefmes les a-
uons defchargez de bailler à l'aduenir
aucune caution à nofdits Treforiers generaux, pardeuant lefquels ils feront tenus de fe faire receuoir, prefter ferment,
& prendre attache fuiuant l'Edict de leur
ancienne creation & non ailleurs, pour
eftre les deniers prouenans des taxes defdits Treforiers des Gardes, Prouinciaux,
enfemble de la finance defdits Offices de
Treforiers generaux, & de leurs Commis
employez au rembourfement defdits
Offices de Treforiers generaux de l'extraordinaire des guerres, & Cauallerie
legere, & Treforiers des Camps & armées, & des Viures, & des Regimens fup-
primez par le prefent Edict. Et d'autant
que nos Treforiers de noftredit Regimêt

des Gardes Françoises & Suisses, sont
obligez de resider à la suite de nostre
Cour, pourront lesdits Tresoriers generaux, si bon leur semble, leur faire faire
comme leurs Commis le payement des
Compagnies de cheuaux legers & Mous-
quetaires, seruās aussi à nostredite garde,
en quelque part qu'elle puisse estre, comme les Regimēs de nosdites Gardes, con-
formément à l'Edict du mois de Iuin mil
six cens vingt sept. Et pource qu'il est
besoin de celuy desdits Tresoriers generaux qui sera en exercice d'estre prom-
prement aduerty des payemens qui auront esté faits par lesdits Tresoriers Prouinciaux comme leurs Commis, afin de
nous en rendre compte en nostre Conseil. Nous voulons que par lesdits Tresoriers Prouinciaux, il leur en soit enuoyé
quinze iours apres chacun payement vn
Estat, signé & certifié d'eux, & par les
Commissaires & Controolleurs de nos
guerres vn extraict des monstres qu'ils
auront faites, & des deniers reuenans bōs
d'icelles, & pour les espices, frais, façon,
& reddition de leurs comptes, il leur en
sera par nous faict fonds conioincte-
ment auec leursdits gages, pour estre le

Controolle des receptes & defpences
defdits Treforiers generaux tenus par les
Secretaires & Controolleurs generaux
de l'extraordinaire des guerres & Cauallerie legere, ainfi qu'il eft accouftumé, &
fuiuant leurs Edicts de creatiõ, aufquels
nous les auons maintenus & confirmez.
Si donnons en mandement à
nos amez & feaux Confeillers les Gens
tenans noftre Cour des Aydes à Paris,
que fes prefentes ils faffent lire, publier,
& regiftrer, garder, & obferuer & du cõ-
tenu en icelles iouyr paifiblement & he-
reditairement les pourueus defdits Offices & leurs ayãs caufe, fans fouffrir qu'ils
y foient troublez ou empefchez en quelque forte & maniere que ce foit, nonob-
ftant oppofitions ou appellations quel-
conques, Defquelles fi aucunes inter-
uiennent, nous auons referué la cognoif-
fance à Nous & à noftre Confeil, & icelle
interdite à toutes nos Cours & Iuges, nõ-
obftant auffi les Edicts, Ordonnances, &
chofes à ce contraires, Aufquelles & aux
defrogatoires, Nous auons dérogé & dé-
rogeons par ces prefentes. Car tel eft
noftre plaifir, Et afin que ce foit chofe
ferme & ftable à toufiours, Nous auons

fait mettre & appoſer noſtre ſeel, ſauf en
autres choſes noſtre droict, & l'autruy en
toutes. DONNÉ à Neuf-Chaſtel au
mois de May, l'an de grace mil ſix cens
trente cinq, & de noſtre regne le vingt-
cinquieſme. Signé, LOVIS, Et plus
bas par le Roy. DELOMENIE, A coſté
VISA, & ſeellé de cire verte en lacqs de
ſoye verte & rouge.

Leu, publié & regiſtré, par le comman-
dement du Roy, porté par Monſieur le Com-
te de Soiſſons, aſſiſté du ſieur Duc de Mont-
baſon, Cheualier des Ordres dudit Seigneur,
& des ſieurs de Leon & Dormeſon, Conſeillers
en ſes Conſeils d'Eſtat & Priué, ouy & ce re-
querant ſon Procureur General, A Paris en la
Cour des Aydes les Chambres aſſemblées, le
ſeizieſme iour de May, mil ſix cens trente-
cinq.

Signé,   BOVCHER.

Collationné à l'Original par moy Conſeiller,
Secretaire du Roy, & de ſes Finances,